ITALIAN
OPERA
1640-1770

MAJOR UNPUBLISHED WORKS IN A CENTRAL
BAROQUE AND EARLY CLASSICAL TRADITION

Selected and arranged by
HOWARD MAYER BROWN *and* ERIC WEIMER, *The University of Chicago*

A Garland Series

Ippolito ed Aricia

Tommaso Traetta

Introduction by
Eric Weimer

Garland Publishing, Inc. • New York & London • 1982

The score is reproduced from East Berlin, Deutscher Staatsbibliothek, Mus. Ms. 21995.

The libretto for the 1759 performance is reproduced in the Garland series *Italian Opera Librettos: 1640–1770*, vol. XIV.

The volumes in this series have been printed on acid-free, 250-year-life paper.

Library of Congress Cataloging in Publication Data

Traetta, Tommaso, 1727–1779.
  [Ippolito ed Aricia]
  Ippolito ed Aricia.

  (Italian opera, 1640–1770 ; 78)
  Opera.
  Libretto by Carlo Innocenzo Frugoni.
  Photoreprint of a ms. in the Deutscher Staatsbibliothek,
East Berlin (Mus. Ms. 21995)
    1. Operas—Scores. I. Frugoni, Carlo Innocenzo,
1692–1768. II. Title. III. Series.
M1500.T76I7 1982   782.1'54   80-816
ISBN 0-8240-4817-2   AACR2

Printed in the United States of America

Preface

French opéra differed considerably from Italian opera during the seventeenth and eighteenth centuries. But while debates about the relative merits of the two dominant national styles raged during the period, poets and musicians exchanged techniques and ideas as well as insults. In developing *tragédie lyrique* as a lavish court spectacle under Louis XIV, for example, Lully took as his point of departure Venetian opera of the mid-seventeenth century.[1] Pietro Metastasio's formulation of a successful convention for writing rational, well-ordered libretti was at least partly inspired by French criticisms of Italian taste. And while participants in the "Guerre des Bouffons," which broke out in France during the mid-eighteenth century, argued hotly about the quality of music in the two nations, the Metastasian ideals began to be challenged even within Italy itself by attempts to fuse the best French and Italian elements to produce a kind of opera better than either.

The duchy of Parma played a significant, although short-lived, role in this Italian challenge to the Metastasian ideals. In 1748, "France and Spain agreed to provide an extremely liberal subsidy for Parma, principally in order to form a bulwark of Bourbon influence between the Habsburg power in Tuscany and Lombardy."[2] During the late 1750s, therefore, Parma, ruled by the infante Philip of Spain and his wife, Louise Elisabeth (eldest daughter of Louis XV of France), provided a unique setting for a "reform" of opera seria. Guillaume du Tillot, minister of the duke and organizer of his entertainments, evidently imagined a marriage between *tragédie lyrique* and opera seria, simpler and more straightforward than traditional heroic opera, in which the choruses, ballets, and spectacle of the French works would be smoothly integrated into a dramatic action without Metastasian intrigues. Yet the music would be Italian, brilliant and melodious.

Du Tillot approached this project gradually, importing first opere buffe and French ballet (in 1756–57), then opéra comique and opéra-ballet (in 1757), and eventually French *tragédie lyrique*, including Rameau's *Castor et Pollux* (in 1758). Finally, in 1759, du Tillot commissioned the court poet in Parma, Carlo Innocenzo Frugoni, to prepare a libretto based on the abbé Pellegrin's *Hippolyte et Aricie*, previously set by Rameau. (In the final version, written with advice from one of the most distinguished opera critics of the time, Count Francesco Algarotti, Frugoni also incorporated some scenes translated from Racine's classic drama.) Tommaso Traetta (1727–1779),[3] the duke's recently appointed *maestro di capella*, was asked to write the music. The result, Traetta's *Ippolito ed Aricia*, was quite unlike anything previously seen on the Italian operatic stage, and the work's premiere on May 9, 1759, "was one of the most glamorous and best advertised events of the decade."[4] Divided into five acts, *Ippolito ed Aricia* contains only sixteen arias but a singularly large number of characters (twelve, three of whom are actually members of the chorus), four orchestral sinfonias (three of which accompany the entrance of a god), eight major choral numbers, and no less than twenty-six dances, most of which are grouped into suites and positioned with choral numbers at the ends of acts.

The score, reproduced here after East Berlin, Deutscher Staatsbibliothek, Mus. Ms. 21995, contains one scene not found in the libretto: an accompanied recitative for Fedra at the beginning of Act III.[5] (The libretto for the 1759 production is reproduced in the Garland series, vol. XIV.) Otherwise, the Berlin manuscript[6] follows the libretto precisely.

Notes

1. This sentence is paraphrased from the opening of Daniel Heartz, "Operatic Reform at Parma: 'Ippolito ed Aricia,'" *Atti del Convegno sul Settecento Parmense nel 2° centenario della morte di C. I. Frugoni, Fonte e Studi*, 2nd series, V (1969): 271–300.

2. Alan Yorke-Long, *Music at Court: Four Eighteenth-century Studies* (London, 1954), p. 19.

3. The Garland series, vol. 47, presents another opera by Tommaso Traetta: his *Ifigenia in Tauride*, composed for Vienna in 1763. The preface to that volume includes a summary of Traetta's career, a list of his operas available in modern edition, and a bibliography of secondary literature on the composer, to which add Daniel Heartz, "Tommaso Traetta," *The New Grove Dictionary of Music and Musicians* (London, 1980), 19: 111–14.

4. Heartz, "Operatic Reform," p. 295.

5. Because of this discrepancy "scena ii" in the score corresponds to "scena i" in the libretto; "scena iii," to "scena ii," and so forth. A similar situation arises in Act IV, where the scene introduced in the score by the heading "scena iv" is given no title in the libretto. "Scena v" in the score therefore corresponds to "scena iv" in the libretto, and so forth.

6. According to Domenico Binetti, *Tommaso e Filippo Trajetta nella vita e nell'arte* (Bitonto, 1972), p. 46, additional manuscript scores of *Ippolito ed Aricia* are located in Bergamo, Biblioteca civica Angelo Mai; Bitonto, Biblioteca communale Vitale Giordano; Paris, Conservatoire national; and Vienna, Österreichische Nationalbibliothek.

Cast of Characters

TESEO (Theseus), king of Athens	*tenor*
FEDRA (Phaedra), his second wife	*soprano*
IPPOLITO (Hippolytus), his son	*soprano*
ARICIA, in love with Ippolito	*soprano*
ENONE, confidante of Fedra	*soprano*
DIANA, goddess of the hunt	*soprano*
PLUTONE (Pluto), ruler of the underworld	*bass*
MERCURIO (Mercury), the messenger god	*soprano*
TISIFONE, a fury	*soprano*
GRAN SACERDOTESSA (high priestess)	*soprano*
UNA MARINAJA (a sailor)	*soprano*
UNA CACCIATRICE (a huntress)	*soprano*

Synopsis of
Ippolito ed Aricia

To secure his claim to the throne of Athens Teseo murdered all the male descendants of Pallas, the former ruler, and ordered Aricia, the daughter of Pallas, to become a priestess. Forced into a year's exile according to Athenian law, Teseo retired to Troezen with his second wife, Fedra, and his son, Ippolito. Teseo's father, Neptune, meanwhile, granted his son three wishes; Teseo used the first to descend to hell in search of his friend Piritoo. Ippolito, devoted to horses and the hunt, enjoys the protection of the goddess Diana. Fedra, ruling during the absence of her husband but tormented by Venus, suffers an uncontrollable passion for her stepson, Ippolito.

Act I. Preparing to take vows as a priestess of Diana, Aricia prays to the goddess for peace of mind. She reminds Ippolito that she must dedicate herself to the goddess to whom he too is devoted, but the prince reveals that he loves her. Overjoyed, Aricia confesses her mutual feelings, and Ippolito resolves to free her from the fate decreed by Teseo and Fedra. After the high priestess and priestesses sing and dance in honor of Diana, the two lovers and the priestesses confront Fedra with the news that Aricia's heart is not pure: she therefore must not take vows. Infuriated by such disobedience and by Ippolito's obvious concern for Aricia, Fedra threatens to destroy the temple. The priestesses beg the gods for assistance and Diana appears. She threatens Fedra and assures Aricia that she may devote herself to the hunt without taking vows. Later, Fedra terrifies Aricia with an outburst of jealous rage. Aricia prays to Diana for protection.

Act II. At the entrance to hell the fury Tisifone hounds Teseo, who begs to share Piritoo's fate or take his place. The palace of Plutone appears and Teseo again pleads his case. Plutone waves him off and leads his minions in a chorus of vengeance. Tisifone later informs Teseo that only death can lead him to his friend and that only the inexorable Fates can decree his death. Teseo thereupon makes his second wish to Neptune: to return him to the world of the living. Plutone at first refuses to release him. Mercurio intervenes, however, and

Plutone relents. The Fates warn a horrified Teseo that another inferno awaits him above.

Act III. Alone with Enone, Fedra confesses her secret love for her stepson and her fears that Ippolito and Aricia will return suddenly to Athens, thus depriving her own son of his rights to the throne. She sends Enone to fetch Ippolito and then bewails her fate. With Teseo presumed dead, Ippolito informs Aricia that he must return to Athens to secure her succession to the throne. She bids him farewell. Fedra then enters and announces to her stepson that he will be her new Teseo. Spurned by the horrified Ippolito, she grabs his sword and begs him to kill her. He wrests the sword from her as Teseo enters. Astonished and embarrassed, mother and son depart hastily, leaving a confused Teseo behind. Enone slyly suggests to the king that Ippolito tried to seduce Fedra. Alone, Teseo pronounces his third wish to Neptune: vengeance on Ippolito. Sailors and the people sing the praises of Neptune.

Act IV. Teseo tells Fedra that Neptune will avenge Ippolito's crime. She vainly implores him to have pity on his son. Later, Ippolito asks his father why he seems so troubled. Teseo, mortified, accuses his son of treason and unnatural love. Ippolito protests his innocence but refuses to reveal the truth. In a grove sacred to Diana, Ippolito and Aricia encounter one another. Aricia reproaches him for wanting to leave, but he convinces her that he loves her and that she must not tell his father the truth. Aricia promises to remain faithful and then bids him flee. Hunters and huntresses sing and dance in praise of the hunt.

Act V. Teseo, beside himself with grief, laments the death of Ippolito, who was killed by his terrified horses when a horrible monster emerged from the sea. Fedra enters and confesses her guilty love and Enone's treachery. Enone has drowned herself, she adds, and she herself has taken poison. Teseo sets out to find Aricia, whom he has forgiven. In gardens sacred to Diana, the goddess herself appears to the disconsolate Aricia. Diana then restores Ippolito to life and blesses the happy couple.

Contents

Publisher's note: The page numbers in the Contents refer to those added by the publisher.

ACT II

ACT III

ACT IV

ACT V

Ippolito, ed Aricia

Musica

Del Sig.r Tommaso Traetta

Napolitano

In Parma nella Primavera dell'

anno 1759

Andante espressivo

Segue Subito

14

28.

16

Atto Primo // Scena Ia

37.

38

20

43.

sotto voce

Sotto voce

i - voti miei.

sotto voce

Scena II. Ippolito, ed Aricia

Ippolito

Che veggio? e quali, Principessa, oh Dio! Apparati son questi? L'alma

Aric:

Dea delle selve s'adora in questo Tempio. Nel consacrarmi a Lei

Ippol:

sieguo le tracce del tuo degno esempio. Come! così tu puoi sacrifi=

44.

Aric:

carle i fior de' giorni tuoi? Tale è del Re la volontà suprema: Io costretta l'a=

dempio. E qual con=siglio miglior mi resta? Ah! che i miei giorni sono ingrati a

Ippol:

Teseo, e sono ingrati al Figlio. Teseo come il pre=scrisse?

egli da queste suodite arene s'invo=lò, celando a tutti il suo par=

23

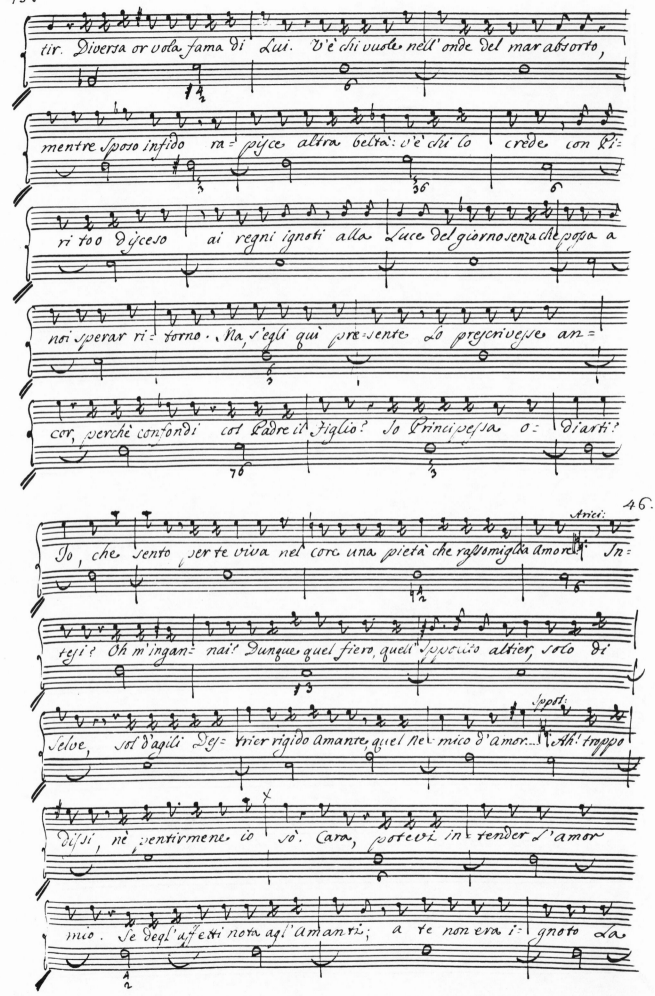

tir. Diversa or vola fama di Lui. V'è chi vuole nell'onde del mar absorto,

mentre Sposo infido ra=pisce altra beltà: v'è chi lo crede con Pi=

ri too Disceso ai regni ignoti alla Luce del giorno senza che possa a

noi sperar ri=torno. Ma, s'egli qui pre=sente Lo prescrivesse an=

cor, perchè confondi col Padre il Figlio? Io Principessa o=Diarti?

Arici:

Io, che sento per te viva nel core una pietà che rassomiglia amore! In=

tesi? Oh m'ingan=nai! Dunque quel fiero, quell'Ippolito altier, solo di

Ippol:

Selve, sol d'agili Des=trier rigido Amante, quel Nemico d'amor.... Ah! troppo

Dissi, nè pentirmene io sò. Cara, potevi in=tender l'amor

mio. Se degl'affetti noto agl'Amanti; a te non era i=gnoto La

tacita fa=vella. Io non inteso sospi= rai sù i tuoi mali.

Io sconosciuto in soavi faville arsi al bel foco delle tue pu

Aria:

pille. Infe= lice, che ascolto? Oi= mè! per sempre perdo del

Cor la pace: cru=del, che mai mi sveli? Ah! solo, o caro, l'in =

diferenza tua potea col tempo rompere i nodi d'un amor ti=

ranno: ma l'amor tuo Co= sì gli strinse oh Dio! che per

sempre è perduta ogni spe= ranza del riposo mio. E sarà

vero? Ah! che quest'alma mia a un tene= ro trasporto più re=

Aria:

sister non può. Dunque mio bene.... Prence, ti scordi.

tu, che il real cenno ci di= vide per sempre! Oh Ciel! qual mai sa=

rà La sorte mia? De' miei pensieri sarà Ippolito Amante il solo og=

getto. Tutta piena di Lui sarà quest'alma, e dall' ara, che a=

doro, vole= rà sempre accesa al suo Tesoro. Ippol: Non temer, Princi=

pessa. Io liberamente saprò dall'empia Legge. Aric: Tu ti lusinghi in van!

Troppo assoluto è di Fedra il poter. Su me sua prigio=

niera. A che più giova nudrire un vano ardor? L'inutil

fiamma copri d'eterno oblio, e ri= cevi da me l'estremo ad=

=dio. Ippol: Spietata, e così poco della mia fè, del mio valor ti

fidi? Così mi lasci, Oh Dio! Così m'uccidi! Ah! so= spendi per

poco, ed a me Lascia della tua Libertà La bella cura

volo a esporne i mezzi. A te ragioni non mancheran di ritardare il

voto a cui Fedra ti sforza. In me ripo= sa. Sia

Fedra quanto sa, possente, e fiera.: troppo è ingegnoso Amor,

fidati, e' spe= ra. || Aria Ippolito ||

Viola

Ippolito

Andante Grazioso

Se ui vaghi Lumi tuoi cara m'ac= ce= se

cara m'accese A= more, Chiedi ad amor se puoi tut=to sperar da

28

me sperar da me tutto spe=rar=

= tutto spe=rar da me. Se ai vaghi lumi tuoi ca=

=ra m'accese a=more chiedi ad amor se puoi

Cara chie=di ad amor se puoi tut=to sperar _ da

me sperar = = = = = = = =

= = = = = = tutto sperar da me, se ai

vaghi Lumi tuoi Ca=ra m'accese a=more Chiedi ad amor se

Scena III.
Aricia, La gran Sacerdotessa di Diana, Le Sacerdotesse seguaci
Coro

mabile   Di bella   pa=ce   Amor non   agita.   quì la sua

face

soggiorno

soggiorno amabile   Di   bella   pace

34

den = = = ti.

si danza

Danza di Sacerdotesse

Grazioso

Viole

39

77.

Violini

La Gran
Sacerdotessa

Andte. grazioso

Fuggi Amor per=fido Amore. che fan

qui, che fan qui Le tue sa=ette? Non Le

78.

teme il nostro core queste selve al Ciel di=

Lette folle Dio non puoi tur=bar folle

40

83.

La tran=quilla indiffe=renza i suoi voti

e le coro=ne qui=pre sen=ta al ca=sto al=

84.

Tutte le Sacerdotesse.

tar Fuggi A=mor per=fi do a=more.

Che fan qui, che fan qui le sue Sa=ette.

43

non le teme il nostro Core queste selve a noi di lette folle Dio non

puoi tur=bar folle Dio non puoi tur bar: "Si danza."

Danza Sacerdotessa sola,

sia, se per salvarti è duopo armar le destre amiche

al mio di=segno arri=de il Re Cretano. Arici: Ah! L'empia

Fedra troppo veglia sù noi. Ippol: Taci. Egla giunge

Fedra in disparte.
[Giusto Ciel! con Aricia ultimo di Pallante. odioso av=

vanzo Ippolito vegg' io? Voi, che sapete di qual fiama fa=

tale ardo per Lui, assistetemi, o Numi. In costei

forse un in=cognito a me rival s'asconde?] ad Aricia. Princi=

pessa, ecco il giorno, che ti unisca agli Dei con nodo e=

Arici:
terno Ma se il Ciel condanasse quell'omaggio, ch'io porto appiè del

Ara? Strano a Voi forse sembre=rà, Ma Voi, Real.

95.

Donna, pensate qual sia quel Cor, che comandata io

vengo àd' offrire a Diana? Che favellare, è

Aricia

questo? Io non ascondo il ver, libera io parlo, e come

posso, senza rimorso, senza orror nel Tempio Of=

frire un cor oppresso   // Segue il Coro di Sacerdotesse. //

96.

// Coro di Sacerdotesse //

Violini

Viola

Un Cor

Un Cor, che oppresso   Libertà perdeo,   nò

// Andante coniodo //

questo è il dover più sacro. || subito Fedra ||

Fedra.
Prence, e così s'oltraggia il tuo Padre, il tuo Re? Tu il vedi, e il

Ippoli:
soffri? So' quel, che debbo al Padre, so' quel, che debbo al Re: ma non poss'

io la mia fè segna= far, senza, che oltraggio ne riceva una Dea.

Fedra
Prence t'intendo. vane son l'arti tue. So, che talora la virtù

Ippol: Fedra
serve a mascherar la frode. Qual frode? E tu mel

chiedi! Non so, qual degli due più t'interessi, o la Vittima, o

Ippol:
l'ara. Io so, ch'odio i rigori, che s'inoltrano ingiusti

53

Solo

Trombe Longhe.

gloria, offende.

106.

,, La Gran Sacerdotessa, e tutto il Coro ,,

segue.

nate sulla terra abbat=tete abbat=tete i mor=

nate sulla terra abbat=tete abbat=tete i mor=

tali abbat=tete.

tali, abbat=tete abbat=tete i mor tali, che

Li primi biolini pizzicati

Numi immor=tali   Tuo-nate.

Numi immortali   Tuonate.   Abbat=
                fot.   Sf.

117.

118.

Tuo=nate sulla.

abbat=tete.

tete.   Tuo=nate sulla.   terra.   abbat=

60

con arco

terra abbat=tete i mor tali, che vi minaccion

tete i mor tali, che vi minaccion guerra, che

guerra minaccion guer = ra. abbat=tete, i mor=tali i mor=

vi minaccion guer = ra Abbat=tete i mor=

guer = ra.

// Subito il Toner //

Tonerre

Presto

piu — crescendo — forte

for. smorzando

for.

for.

for.

for.

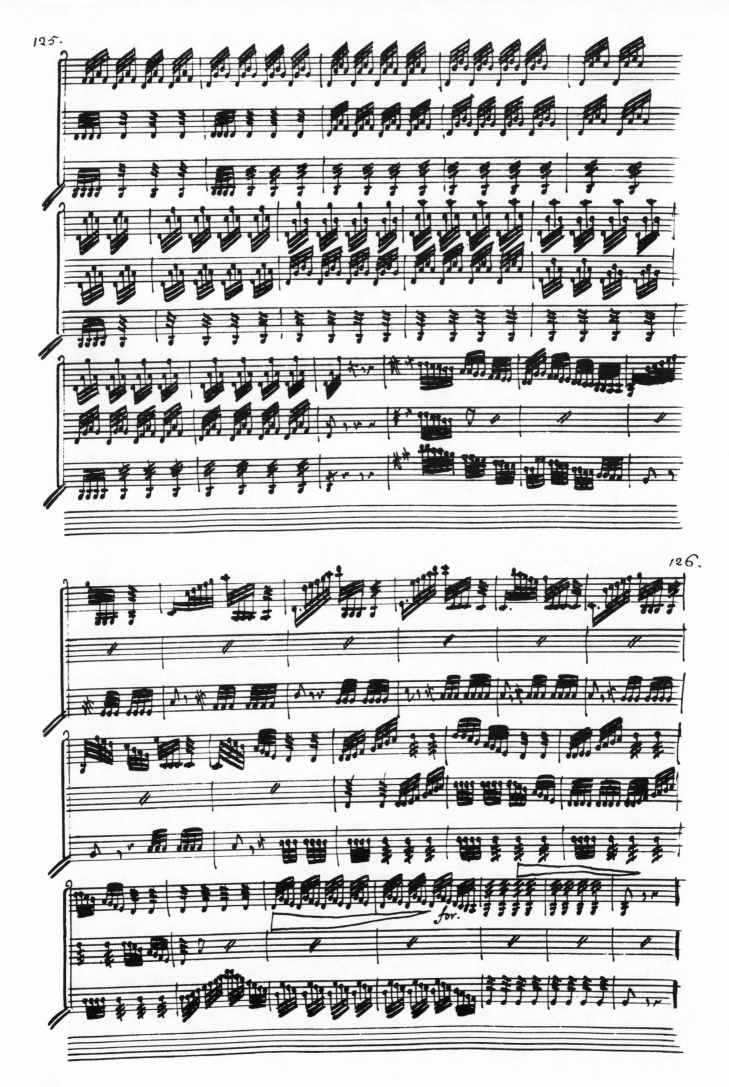

rai nelle fo=reste Libera Caccia trice, e frà le

Ninfe mie compa=gne guerriere. meco farai nei boschi

sotto i bei colpi tuoi cader le fiere. Cosi ti voglio

mia. serena l'alma, ed i tuoi mali Obblia

Ippolito, ed amicia insieme Perdono, o' Dea per=do=no *Diana* Cara m'è d'ambo la bir=

tu. Il mio Sdegno solo si volge contro i rei. mie

ai Fauni ed alle Driadi fide Se=guaci Dei=tà, voi qui re=state in

ad Ippolito guardia del Tempio mio. Tu meco vieni, diletto E=

roe, che le mie selve onori; e vegga chi con=

fiode tenta turbar de' tuoi destini il Corso, qual di te

Se vede ra pace gi= rare l'ar=

tiglio ~ Se vede gi= rare l'ar= tiglio non teme la

bella la candida a= gnella, se d'ogni pe= ri=glio la

stor La guarda il Pa=stor, La guarda il Pa=stor

Se vede ra=pace gi=rare l'antiglio

Se vede gi=rare l'ar=tiglio non teme La bella La

Scena VI.

Fedra, Aricia,
Fauni, e Driadi

Fedra
E che? contro me dunque e Terra, e Cielo congiura armato, e il mio poter contrasta? Tu trionfi, o spergiura. Io sul tuo volto leggo il tuo cor, che il mio cordoglio insulta.

Aricia
Rispetto il grado tuo. La sicurezza, che mi traspira in viso folle orgoglio non è. Tutta io la debbo alla propizia Dea.

Fed:
La Dea nei Boschi abbia culto, abbia Regno. I Rè dal Trono dettin Lieve Leggi.

Aricia
I Rè soggetti sono ancora agli Dei.

Fedra
Non più: superba, troppo dicesti omai: Vedrai fin dove porterò d'ire mie. Vedrai se posso d'un mal nudrito ardor coi giorni tuoi spegner l'ingiusto foco

Ah! che mi sento rapir... Ma dove? qual tumulto...Oh Dio, qual'smanie fu=

nefte? Sppolito infedel, perfido ingrato! si nel tuo Sangue e=

stinquerò lo sdegno, che mi divora il sen. Sorgi, e che fai? O

troppo a vendicarmi imbelle, e tardo, mio barbaro dispetto, e

tutto il tuo velen spirami in petto. // Aria Fedra //

Violini

Oboè

Corni

Viola

Fedra

Presto

il mio furor la terra furor la ter = ra in=

norri dir fa=rà in=or=ri dir fa=rà —

Dal Segno

Scena VII. // Aricia sola //

Eterni Dei, che sconsigliato ar=
dire! Che fu=nesto attentato! Io pe=rò ferma,
nulla pa=vento. In te, diletta Dea. in=
trepi=da ri=poso contro un furor si forsen=

nato, e rio: Tu sola basti per sostegno
mio. Tu vedi il mio candor, Tu il puro Zelo del
caro Prence. tuo fe=del seguace. Io
nelle mie sven=ture, penso, che tu pro=
teggi il nostro foco. Penso, che alla mia

ritorni a re= spi= rar, prendi Amor Amor pietoso le sem=

bianze della speme. Le sem bianze della speme, fà che in

bianze della speme. Fa che in seno al mio ri=poso, cò ri=

sotto voce   a poco cresc.

Viole

torni a respi=rar

for.   sf.   ritorni a respi=

rar.

93

Danza dei Fauni, e delle Driadi

Primo Rondò

Secondo Rondò

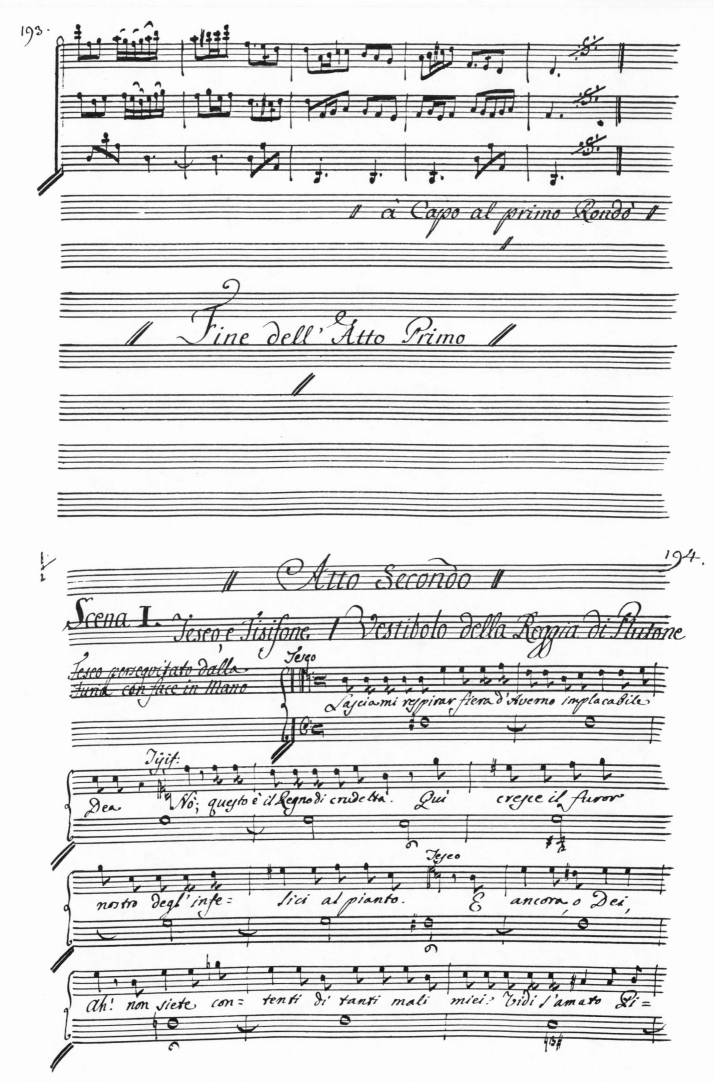

// à Capo al primo Rondò //

// Fine dell'Atto Primo //

// Atto Secondo //

Scena I. Teseo e Tisifone / Vestibolo della Reggia di Plutone

Teseo perseguitato dalla Furia con face in Mano

Teseo

Lasciami respirar fiera d'Averno implacabile

Tisif:

Dea Nò; questo è il Regno di crudeltà. Qui cresce il furor nostro degl'infe= lici al pianto.

Teseo

È ancora, o Dei,

Ah! non siete con= tenti di tanti mali miei: Vidi l'amato Pi=

ri'to   in preda del In=fauce mostro: Ahi! lo vidi pe=

rir, frà quelle atroci insangvinate gole, e non po: tei frà quelle

stesse i giorni miei finire, e spento per metà del morto a=

mico.   Misero! non potei tutto morire.   O la morte atten=

dea senza spa= vento: Io l'affret= tava, e per crudel mia sorte davanti a

Tisif:

me sin mi fug= gia la morte.   E, che! Forse speravi nella tua

morte il fin delle tue pene!   Sotto eterne ca= tene Si=

ri to= o geme in que= sti luoghi orrendi: Trema, infe= lice.: U=

Teseo

qual destino at= tendi.   Ah!, ch'io già provo tal de=

stin, già sento tutte le pene sue. Crudel, non

pena   qui dal Fato è pre=scritta,   e la sua

legge in adamante è scritta.

Scena II. Plutone, Jeseo, e Trisifone   Reggia di Plutone. Plutone si vede assiso sopra il suo Trono

Corteggio dentro il Coro Penetrale Deità infernale~

Jeseo

Inesorabil Re dell'ombre e=terne degno Ger=

man, degno rival di Giove, modera=tor del Trono, per=

qual nemica legge così ai mostri d'Averno in preda io

sono? Io che già ven=di=cai da tanti mostri il

Mondo! Ah questa, ah questa è la mer= cè, che al mio valor s'ap-

presta? Se illustre fur le imprese tue, Tu vedi, coro=

nato di gloria Tri= on=far dell'obblio immor=

tale il tuo Nome: Ma ri= sponder la pena al premio deve, ed a

ver seggi u= guali, il meri=to, e il re= ato. Se d'un A=

204.

mio troppo reo volesti troppo fedel compagno partecipar la

colpa par= te=cipa il suo supplicio. Io vi con=

sento. Non è per me, nò, questa è una sventurata, questo

è un supremo Ben. Tale lo rende l'ami= stà, che ci

Lega Non può su Lui cader la tua ven=detta che non piombi su

me. Punir non puoi senza punir me stesso. Il vidi in

Campo u=nito di va=lor, sotto le insegne del bellico so

Dio, su'i passi miei volar meco ai Tri=onfi. I suoi di=

sastri co=muni seco aurò, come com= muni ebbe

meco i con= sigli, meco il guerriero onor, meco i pe=

Flut:

rigli Mà cosi al fine tanta gloria vostra oscu=

rarsi do: vea? Parla: Era d'uopo, che t'u=

Teseo

nisse il de= litto ancora a lui? Per un forte d'a=

mor tenero impulso sol col= pevole io fui. Fù la

bella l'amistà, che mi fè seco scendere ai neri lidi. E questo è il

fallo, che in me punir pretendi? Assai pu = nisti l'ar =

dito tuo ri = vale, in me, che vuoi, severo Dio pu =

nir? Se un folle Amore fù in spirito de = litto quell'Ami =

cizia, che per lui m'ac = cende una virtù non è? Questa a te!

parla, e il bel trasporto mio questa dif = fende. E

Plut:

ben: ragion si renda. La Vittima, ch'è mia

vada ai sovrani Giudi = ci dell'ombre, e il lor giu = dizio at =

tenda. Va', parti, e mentre p estremo dono di mia cle =

menza il tuo destin so = spendo ai fieri tuoi ri = morsi io t'abbandono:

Parte seguito da Tisifone / Scena III. Plutone e le Tre Parche
nel Penetrale Deità Infernale.

d'Erebo tutti a=scoltate, Numi d'Erebo tutti ascol=tate   al mio

a poco cresc: f.mo

cenno concordi sor=gete concordi sorgete: Il Rè vostro su via vendicate, e la

a poco a poco

Dea, che re=gnar qui ve=dete , e la   Dea, che regnar, che re=

gnar   in ogni mostro   furore, in=

solito   in ogni   mostro   furore, in= solito

il fu=ror nostro   il furor no = stro voli a de=

star —   voli a destar   il ferro s'agiti   le fiamme stridono

225

226.

114

tor = ven di - ca - tor.   // si danza //

// Danza delle Deità Infernali //

Prestissimo

Scena IV.

Teseo

Teseo Tisifone e gli attori precedenti

Dei, che sedi son queste di pianto, e di terror! quanti infelici non vidi mai! vidi l'orribil Rota, l'alpestro Monte, l'inquieto sasso: vidi il rostro vo - race: il Ramo inganna = tor, l'onda fugace, Ma quel solo non vidi, che solo rive = der quaggiù de - sio. Ah! Piritoo dov' è! Dov'è la parte miglior di

233.

118

A te ricorre, l'infelice tuo Figlio. Se tu m'apristi il varco a

questo ignoto al lume tenebroso sog= giorno: aprimi, o Padre, o

Nume, se contrastate vie rendimi al giorno

Segue la Sinfonia che annunzia L'arrivo di Mercurio
messaggiero degli Dei ⨍⨍

Mercu:

dace Mor=tal. Arbi tro è Giove dell' alto Ciel, Net=

tuno è Rè dell'onde: Pluto sull'ombre impera, e può in Co=

cito l'ire sue segna= Car. Ma il ben del mondo

che dagli Dei s'intende, dalla concordia lor solo di=

Plut:

pende. Del mio giusto ri= gor dunque trionfi il

bene universal: Sù sì con=ceda a questo reo Co

scampo. Ah! forse altrove non sa= rà men funesto il suo de=

alle Parche

tino. Voi, che ve= = de=te d'av=ve= nir pro=

fondo Arbi=tre della vita, e della morte, fatali

Dee, che rego=late il mondo svelate a lui la sua terribil

Segue breve Sinfonia, che precede.

La risposta delle Parche.

Le due Parche

Andante

Sotto voce

Corni Sotto voce

Sotto voce

Andante

Sotto voce

và sventurato

fuor dell' ombre ov=

rende ma

ma un in=ferno peg= = gior Lassù t'attende

Recit:

Corni

Scena VI.

Teseo

Teseo, Mercurio, poi
Proserpina, Deità sue seguaci

Ciel che ascoltai? Nei miei reali al=

berghi un'altro Inferno trovato? Qual tristo pressaggio, o

Dei, Deh fate, che non s'adempia mai. Cortese

Dio, che mia scorta ti fai, fuor dell'eterna.

notte usciamo om= mai. // Aria Teseo //

123

Lascio vi Lascio v'abban=dono squallide ingrate Arene squal=

125

-side ingrate a=rene S'aure del Ciel sereno ri=

torno a reppi= rar - a re=spi=rar Vi lascio v'abban=

col Basso

Smorz.   dol.

Dono   squallide Ingrate Arene   L'aure del Ciel se=

Basso

reno   ri=torno a respirar =

Vi Lascio v'abbandono   vi Lascio v'abbandono squal lide

ingrate arene   L'aure del Ciel sereno ri torno a respirar

squallide ingrate arene. L'aure del Ciel se reno vi=

col Basso

tor=no a re=spirar = = ∞ re = spi=rar = = ∞

tutto s'or: ror e qui resti   tutto s'or: ror qui resti,   e il

mio riposo a= mico, e il mio ri=poso a= mico   Non

for.

267.

Sotto voce

Ti Lascio, vi Lascio, v'abban=dono squal=

268.

Lide ingrate Arene squal=Lide ingrate a=rene

Dal Segno

135

Sinfonia, che annunzia L'arrivo di Proserpina, la quale

comparisce con tutto il corteggio delle seguaci, e Coro //

Violini

Oboè

Corni

Allegro

Segue il Coro

Sparve

Sparve l'empio mor=tal, che a te spia= ce=a

ce = = a

E=ca=te a=

E = cate e= terna al nostro Giove unita

E= cate e=

E= cate e= terna al nostro Giove u= ni =

terna al nostro Giove u=nita   Vieni

terna al nostro Giove u=nita

= ta   Vieni, Vieni

Vibrato

277.

278.

vieni vieni e gl'omaggi nostri accogli o Dea.

i foschi regni ad abbel= sir ra=pi= ta ad'

abbel= sir rapi= ta

Si danza

Danza

Staccato.

282.

Violini

Piano sem=
=pre

da capo al Maggiore

Fine dell'Atto Secondo

292.

293.

In qual mare d'af-

fanni, in qual nera procella siete o pensieri miei

295.

296.

Qual fiero vento v'agita, oi confon-de?

Oh

Dio! po-tessi qualche raggio ve-der d'amica Legge.

Si lo ve-drò.

tene ricon=durla al Trono. Pri=varne il Figlio mio, Forse egli

pensa improvviso par tir. Non è soverchio in tal fran=

gente. il mio timor. *Enone.* Ma spesso s'inganna. anch'il ti mor, d'ov'entra a=

more, o Gelo =sia di Regno. *Fedra* E none. io voglio Ip=

Eno: po=li=to veder. E chi vel vieta? Libera siete. Vanne, sollecita, ri=

cerca, e t'affretta a saper qual per Trezene voce di Lui si

Enone. sparge. Ubbi=disco Reina. *parte. Fedra* Qual mai sarà

questo fatal incontro, questo estremo ci mento?

Ciel! potessi sveller da questo Core il Prence amato! Fini=

rei d'esser rea. Ma se nol posso, qual colpa è in me! Se mi co=

stringe il fato? Ah! non si tac-cia più l'ardor, che Sdegna ogni

freno impor=tuno. E come in seno im=prigio=nar=lo

più sappia il fe=roce, sappia il barbaro mio dolce ti=

ranno come io peno. per Lui, come mi struggo. Si cerchi al=

fin pie tà, tutto si tenti, e se resiste ingrato a miei so=

spiri, fini=sca La mia Morte i miei Martiri.

Aria Fedra

Fedra

And.te grazioso

308.

Po=ve=ro po: vero Core che ar=

158

316.

da crudel fa=to rapito vai, come dal

vento Le=gno agi= tato agi= tato per l'onde

và per l'onde per l'on= de, và = per l'onde và

Dal Segno

Scena III.

Ippolito, Aricia.

Ippolito

Principessa, cer cui pria vive=derti, che da queste Arene volgere i passi miei: L'invitto E=roe, il fido Amico, Il Successor d'Alcide, Te=seo, il mio Geni=tor, se fama il vero narra, non vive più. Me per tal morte Trezene rico=nobbe suo Legi=ti=mo

Re Libera sei dalle tiranne leggi a cui sujetta tu vivesti sin'ora. Io te di=sciolgo, e in libertà ri=pongo La tua vita, il tuo Cor.

Aric:

Ah! se tu sciogli le ingiuste leggi, sotto cui ge=mea La mia sorte Regal, quelle più stringi che un dolce amor m'oppone.

Ippoli:

Incerta A=tene parla d'un Successor, di me, del Figlio, della Regina, e di te parla an=

Aric:

=cora

Ippoli:

Come di me? Può forse Atene in tal evento dissimular Le tue ragioni al

Aricia

Trono So, che retaggio antico ella è degli avi tuoi. Ma che mai posso io re=

=liquia infelice dei Pallan ti dioppressi? Ancor sul fiore dei giorni loro, sei Jer=

mani io piansi barba =ramente estinti.. Il ferro o=

stile tutta recise. La re=al mia stirpe, e inzup=pata la

terra ber pa rea con orrore. il Sangue dei Nipoti d'Ere=

Ippol:

teo. Grata al tuo Sangue Auguyto A = te = ne ti vi=

Avic:

chiama! E come opporsi di Fedra al figlio, che al paterno Scettro suc=

cedere vorrà? Tutta per lui sarà La madre. Io

veggo in tal momento L'arti sue protet=te dal Sovrano po=

ter, tutte svegliarsi, e all'eterno odio suo contro il mio sangue congiu=

323.

Ippol:

rate servir. Di Fedra il Figlio io poco temo; e

S'altri fuor di Lui dopo Teseo all'Impero non avesse ra=

gion, valer farei quella ragion ch'è mia. Solo a te.

Cara cederla è mio piacere. Il mio germano regni contento in

Creta. Io parto, Io volo in A= tene ad unire i voti A=

324.

Aric:

mici, a ri=portivi sul voglio. E sarà vero? Parmi un

sogno as=col=tar. Così re=pente, come La sorte

ad Ippol:

mia cangiò d'aspetto? E qual propizio Dio a mio fa=

Ippol:

vor così, Signor t'inspira, t'accende, t'avvalora?

Ippol:

Arici:

Arbi=tro del mio Core, possente Dio, così m'inspira amore. Ca tanto A=

163

mor qual mai darò mercede, che il Benefi=cio adegui?

Ippol: Una ne bramo, di cui maggior tu non puoi darmi. Arici: E questa

sì, voglio darti. Io teco di=vi=de=rò il tuo

Dono, il Regno mio, che senza te sarebbe dono troppo imper=

fetto. Ippp: Io non cono=sco altro ben che il tuo core. Il Trono i=

3/3

stesso perde in suo para=gone. Ogni di=

mora esser po=tria fatal. Mia vita, è

Aric: forza sepa=rarmi da te. Ma quale io resto, se da

te mi di=vidi? Un Cuore Amante, tu ben sai come

Ippol: pensa, come s'affanna, e teme. Altri si turbi, altri s'af=

fanni, e tema. Al cor mi parla un pre= sagio fe=

lice. A quell'ar=dore, che insoli=to m'in=fiamma, Te=

stessa accendi ancora. E che paventi? Resta, e ti

Arici:

serba ai fortunati eventi. Tutto su me tu puoi. Tu mi ri=

colmi d'inu=si=ta=ta speme. ardo al bel foco del tuo nobil va=

Lore, e di me stessa sento farmi maggiore. Subito con SP.

Violini
dol.
sfor.
sf.

Violette obbligate

Aricia

Andante comodo

Stan = za ar- mato va' di co: Han = = za ar=

dol.

dol.

mato a trionfar per me a trionfar

for.   *dol.*

343

va di costanza armato dove ti guida il fato do = ve ti guida il fa =

344.

= to , va dove Amor ti chiama à trionfar per me ... a trionfar =

173

347.

Va dove Amor ti chia =   =   =

Vol.

pos.

for.

lo = ma   Dove ti guida il fato do = ve ti guida il fato

for.

348.

175

351.

352.

a trionfar   per   me   va di costanza armato

dove ti guida il fato   do= ve ti guida il   fa=   = to

sotto voce

va dove amor ti chiama a trionfar per me a trion=far

dol.

col 1.mo

col 2.do

Vendica un sangue op

presso vendica un sangue opresso ren=dimi al Trono mio ren=dimi al Trono

mio te-ne-ro ancora , e non maturo al Regno; e tu pur l'abban-

Oppos:
doni? Il mio do-lore non è minor del tuo. Regina , io

sento , e al par di te de-ploro La perdita fa-tal. Giuste ra-

gioni me ri-volgano altrove. I suoi diritti al Figlio tuo restan si-

curi; E forse può il Cielo anche accordare ai nostri pianti il ri-

torno di Te-seo. In suo favore veglia Net-tuno , e

non invano un Figlio il Padre implore- rà nel suo pe-

Fedra
riglio. Ah! che per dura i- ne-vi-ta-bil Legge, non sian ri-

torno i Regni della Morte. Te-se-o più non ve-

drò. Folle che parlo? Egli respira an-cora: Egli ancor

vive. Principe il veggo in te. Così le mani, così

gli occhj movea. Parmi pre= sente, averlo ancor, parmi parlar con

Lui. Oimè! Signor per=dona al violento ar=dor che mi tra=

spposti::
sporta, e mi toglie a me stessa. In te la forza d'un

Ded:
portentoso A=mor, Reina. Am=miro. Sì, Principe, son

vinta. Oh Dio! per Teseo ardo, Languisco ancor. L'amo

non quale il vide il nero Stige di mille oggetti adorator sper=

giuro, oltraggiator dei Talami d'Averno, Ma fe=dele, ma

pieno d'un a= mabil fierezza florido d'anni, incantator dei

Cuori, tale in fin quali a noi si di=pin=gon gli

Dei, o per nulla tacer, quale tu sei. E quai sensi son questi? E

che comprendo, o Ciel? Perchè quel giorno, che Teseo in Creta trasse il fior dei Greci è-

roi sulle sue Navi, Ahi! venne senza te! Del Mostro ucciso tutto e-ra

tuo l'onor. La mia Germana ad altri non avrebbe of=

ferto il Filo del cieco Labirinto. So stessa, Io

370.

stessa Teco sarei discesa in quelle incerte vie,

Dov'io venuta del tuo rischio compagna, o mi sa=

rei con te trovata, o pur con te perduta. Numi! Che a=

scolto? ed obbliar tu puoi, che Teseo è il Padre mio, ch'egli è

il tuo Sposo! Intendo ah! non m'inganno. Il mio ros=

Fedra

sore più re=star non mi Lascia. Io vado.

E dove, dove, o crudel? Troppo intendesti. È vano or

Dunque ogni ri=guardo. Ah! si conosci tutta ormai Fedra e il suo fu=

rore. Io t'amo. Ne creder già, che approvi un dete=

stato insano Amor, che turba tutta la mia ragion.

misero oggetto delle vendet=te del nemico Cielo, io mi de=

testo più che tu non pensi. Ma questa fiama mia divora.=

Ippoli:

trice del mio cor. Ma questa... Ah! fuggo pien d'or=

Fed: Ippo: Fed.

ror. Barbaro, resta.   Nò.   Si, resta, cru=

Ippoli

Del....i Dei, che to=nate, bendica=tori sulle inique Fronti non

187

Scena VI.

Teseo, e detti

Teseo: Giusti Numi del Ciel! che veg=go mai?

Ippol: Il Padre mio!

Fed: Lo Sposo!

Teseo: O troppo vero O=ra=colo fatale! come mai trovo al primo giunger mio sulle mie soglie il presagito or=ror! Che tardi! Ah! parla, *ad Ippolito* Figlio parla, e mi svela il funesto Mi=stero.

Ippol: Io fa=vel=lar?

Teseo: Oh Ciel!

Fedra: Sospetta, e rea. Si rende ogni di=mora, parla

Teseo: E che pensi? e perchè ta=ci ancora..

Aria Ippolito

385

382

192

sciate in pace.   Padre   tu chiedi

Re = gina   Tu sai   Si   Tu sai

198

410.

Che d'ispe=ra=to or=ror

for.

for.

Pmo. Tempo

Pmo. Tempo

Deh

411.

412.

Deh questo cor lasciate. Padre Re=

gina Deh = questo cor lasciate. Pa = dre Re=

nive un in= grato? Oh Dio! qual voce secreta a=

siolto? Ah taci, cuore di Padre in me, cuor, che tra=

Dito non dei nel figlio, che ve= deve un mostro.

segue con Violini

dol.

Favorevole Dio, che all'onde imperi odi gli ultimi miei dolenti

prieghi, ne in tanti affanni si funesti, e fieri L'e= stremo tuo fa=

ven di = ca = re i Rè   veglian gli Dei,   Ma

qual ami = ca   schiera   viene in si trij to   giorno   a dar

grazie a Nettuno,   a cele = brar fe = stoso   il mio ri =

torno?   Perchè qui resto an = cor?   Perchè non

possono   nel   centro piu pro = fondo   con la sventura

mia.   ce = larmi il mondo?   // Aria Teseo //

Primo Tempo

Sotto voce

A funestarmi il ciglio

Primo Tempo

tutto   tutto diventa orrore, gli   ‖ Dal Segno ‖

Coro

W~

col primo.

col 2do.

Oboe   Corno 1.°

Corno 2.°

Allegro

443.

444.

223

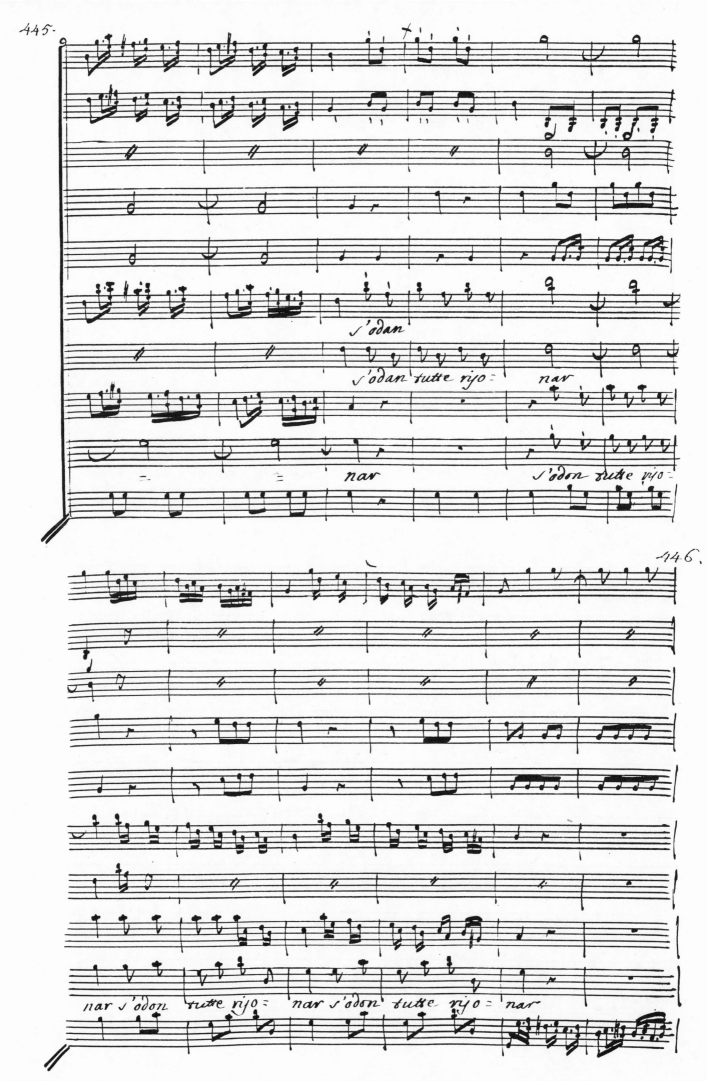

447.

Il più grande degli.

448.

col pino
coi ele

Il più
colli p.mi

. I più grande degli Eroi per te torna per te

roi per te torna per te vie

viene per te.

- na per te torna per te viene d'onde alcun non può tornar al-cun non può tor

nar.

Dio del mar

nar.

nar.

nar.

Dio del mar de' pianti tuoi

for.

227

nar.

nar.

nar.

nar.

Danza di Marinari e Marinaje

456.

segue La Canzonetta

son menzo gnere, non serban fè   Son menzo gnere. non serban

sotto voce

fè.   Net = tun sull' onde

sotto voce

Sol può re = gnare. un altro mare. d'a = mor pur v'è un

for.

altro mare d'a = mor pur v'è. || Si Danza ||

Teseo

Titto. Perfido, ne darai le giuste pene. a Fedra volo. Al suo do

Eno:

lor non giova ab bandonarla in braccio. Ecco a te viene.

Scena II.   Fedra

Fedra, e detti   Signor, io vengo a te. frà i pianti miei piena il

cor di spavento. Ah! troppo disti osò l'incauta Enone. Io non vor=

Teseo

rei, che la paterna mano nelle vene d'un Figlio.... Eh ciò Re=

gina non ti ratristi. Il tuo Timore è vano. La destra

mia terrà ripesso al sangue d'un Figlio reo; ma non andrà l'ingrato impu=

nito perciò. Della sua pena, un Dio pregai. Nettuno a me la

Fedra

deve vendi=cata sarai. Come imploravasti Net=

Teseo

tuno alla vendetta? Ah! non uditi i voti tuoi.... La=

prima per sua barbara pena il Padre offeso vegga, e

geli d'orrore, e poi per sempre gule vada ad

incontrare altrove. L'ire celesti. Oh Dio! Qual

mai della sua morte udir già parmi Lamento univer-

sal che me innocente accuserà. Jo spendi. Inutil

tema! vano pregar! Ma vedi.... E che? Ma vedi....

Pena.... Signor non più. Sento, che troppo va nel mio cor crescendo il

mio crudele affanno. Jo non t'intendo.

Aria Fedra

tendimi, in tendimi pavento = gli Dei con me ti-

ranni   Lasciami in tanti affanni   Lasciami in tanti af-

fanni   con=fusa de=li=rar

confusa de=li=rar

Un Figlio reo difendi me

stessa non in=tendo me stessa non in=tendo perderlo vor=

493.

dol.

In=tendi=mi in=

494.

for.

fi.

tendimi pavento gli Dei con me ti=ranni

248

499.

Fedra, Ippolito accusa d'un orribil misfatto? Ah per me questo è un fulmine improviso, che mi abbatte, mi toglie lo spirito, e la voce.

Teseo
E che? Speravi dal silenzio di Fedra La sicurezza tua? Fellon dovevi togliere a Fedra, per compir l'eccesso, La parola, e la vita.

Ippoli:
E così nera menzogna, Signor deggio tollerare, e tacer? Si faccia, e resti in me sempre sepolto un orribil secreto. Approva, o Padre quel rispetto, che chiude, e frena il Labbro mio, ma la mia vita i miei costumi esaminar ti degna, e condannami

500.

251

suoi. Chi mai divenne scele = rato ad un

tratto? Stanno i suoi gradi il vizio, e la Vir=

ti. Crebbi, tu il sai, frà i bei materni e=

sempj, e vissi degno d'una Madre Ero=

=ina. E come posso re pente in comin=

ciar, dove finir suole un malvaggio.' Questo Cuore im=

mune d'ogni macchia ri=splende; e nè suoi Lidi per

di=vul=gato vanto di se=vero candor Grecia m'o=

Teseo

nora. Nò, tra=di=tor, non t'era i=gno to A = more,

quando per Fedra ar=des=ti? Il sò, già prima ar=

devi per Aricia, e col fa=vore della credula fama affet-

ta=vi ri=gor. *Ippoli:* Signor, nol niego, Aricia a=

mai. ma da si nobil foco non si passa ad un

folle de=te=stabile ardor. Deh! meglio, o Padre,

Fedra co=no=sci omai se la sua lingua mi condan=na, m'af=

solve in secreto il suo cor. *Teseo* Troppo s'inoltra l'orgoglio

tuo. Non più. Barbaro, fuggi l'ire funeste che m'ac=

cende in seno. *Ippoli:* Ma queste voci estreme a=

scolta almeno. ‖ *Aria Ippolito* ‖

dan = = = = = = =

= ni inno = cen = te par = ti = rò   Padre ingan=

na = to mi con danni inno=cen = te parti = rò — in=no=

cen = = = = te par = ti = rò.

Scena V. Teseo.

In=fe=lice tu corri alla tua pena, che un Dio fe=

dele ai torti miei pro=mise; E pure, o

Ciel! Quel tuo tranquillo a=spetto quel tuo tron=co par=

lar quel tuo si=lenzio so=spendono il mio

Cor. Sento anche in vista dell' atro=ce re=a=to nelle

visce=re mie non tutto anco=ra spento il

Padre pie=to=so. Ah! dissi pa=te sommi

Dei quest' or=ror, che mi circon=da, e avvalo=

rate nelle sue ven=dette di giusti sdegni ac=

cejo   un Rè troppo oltrag= giato   un Padre of=

fejo.

Aria Teseo

Violini

Oboè

Corni

Violetta

Teseo

Allegro

mia pie=tà

Parti al mio

265

cor Lo Sdegno parli al mio cor Lo Sdegno taccia L'a=

mor di Padre taccia d'amor di Padre Vinca L'o=

nor del Regno cede Là mia pie= tà vinca L'o=

nor del Regno cede La mia pietà

ce=da La mia pie=tà

ta

535.

536.

269

D'alma re=ale, in petto af=fetto vil non cada nò, nò,

nò non cada siegue un imbelle af=fetto

sicque un im=belle af=fetto chi ben re=gnar non sà

Oboè Unis: cõ Vi:

Chi ben re=gnar non sà

Parti al mio cor lo Sdegno

543.

taccia l'a=mor di Padre   taccia l'amor di Padre

// Dal Segno //

544.

Scena VI.

Ippoli

Ippolito poi Aricia.
Velica consecrata a Diana
con veduta di Mare in lontano

In tante mie sventure, come re=
sisti, o Cuor? Misero io parto inno=cente, ed opp=
presso, e lasciar deggio Aricia, Oi=mè la cara me=
tà dell' alma mia? M'inganno? Oh Dio!   Aricia affannata   Sei tu mio
Ippolit: Aric:
Ben? Sei tu bell' Idol   mio? Sì, son quella in=fe=

273

tir la tua salvezza. Ah! torna torna al Padre: di=

fendi la tua vita, l'o=nor. *Ippoli:* E che non dissi? Oi=

mè! Forse io do=vea chiaro parlando la pa terna fronte co=

prire di rossor? Da me tu sola sai l'odioso Mi=stero, e tu mi

dei ser=bar la data fede, il giu=rato silenzio. *Aricia* Ah! te lo

serbi chi non t'a=dora. Io parlerò. *Ippoli:* Non esca, Ah!

nò, mia vita mai da un labbro così puro un sì or=

Aricia ri=bi=le ar cano. E così vuoi, che tri=onfi la frode? Oh

Dio! ne freme. La mia vir tu, non soffre il mio

tenero amore. *Ippoli.* Al Ciel Deh lascia di me tutto il pen=

Cara, e questa sola resiste ai preghi tuoi, ri=

tiene, e regge, l'indebolito cor. Va', prichè

vuole così l'empio destin. Io resto, e

Spero, che al fin placato il Ciel.... Mia vita..... Ah!

taci, parti, vivi sicuro dell'e=terna mia fè. Ma

senti.... Oh Dio! nò, non dirmi di più.

Caro; ti basti l'e=strema pena amara, che m'opprime in la=

sciarti: Di basti il pianto mio, mi=ra=lo, e

parti.

Aria Aricia

sento   Ca =   ro: mancar mi sento, Ma questo mio pianto, Ma q̃to pianto

mio ti parlerà per me ti par =   =   =

=   =   lerà per me

Scena VII.

Ippolito, Cacciatori, e Cacciatrici.

Ippoli:

Oh Dei! come abban- dono tanta vir- tù, tanta bel- tà? Ma viene lo stuol sacro a Di- ana, e a me di- letto, che alle fo- re- ste u- sato le mie vicende i- gnora. Contri- star- lo non vo'. Me suo compa- gno, e condot- tiero frà le selve a- spetta, e ignaro prose- guirca i suoi diletti

Segue il Coro

Alla Caccia alla Caccia alla Caccia volin

Alla.

rapi di veltri, e cavalli volin

Caccia alla Caccia alla Caccia volin rapi-di veltri, e Ca=valli alla

Caccia alla Caccia volin rapidi veltri e Ca = valli

Le Spelonche le selve le val = li Le Spe lonche le selve le

val: li   Faccia il suono festoso echeg=giar   si

si festo:=so echeggiar   Faccia il suono festoso echeg=

575.

giar

Faccia il suono festoso echeggiar   Faccia il

576.

dol.

Dea dei

suono festoso echeg=giar

Boschi con agil piante Delia. venga a cercar queste rive

e le.

Lieta.

Belve su i piè fuggit= tive   Lieta   scenda con

giar faccia il suono festoso echeggiar festoso echeggiar festoso eccheggiar

si danza.

Danza di Cacciatori, e Cacciatrici II

W: tmj:

oboi

And.

Corni

Fagotto

Bassi

Andante

Canzonetta.

Che bel pia=cere in Lieta Caccia ar=ma=ti in traccia di

Soli

e con su-perba   ra-mo-sa.

fronte   dal piano al monte   Lieve va cor   dal piano al monte.

col 1°.
col 2°.

Lieve va-cor.

dol.   sf.

E al fin costretto   coi veltri al Doppo la vita, e il corso   ab=

Andante

601.

602.

305

615.

616.

617.

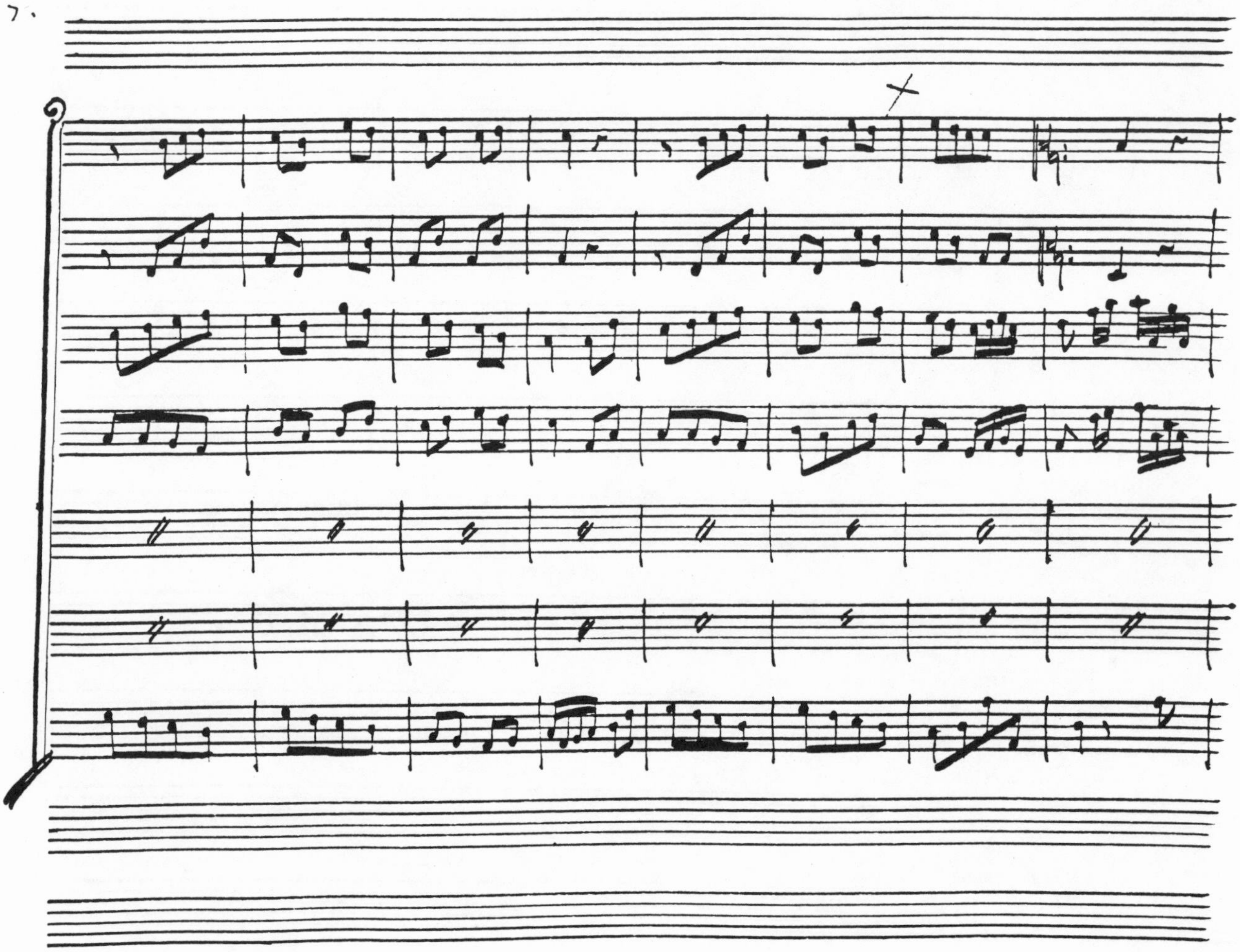

618.

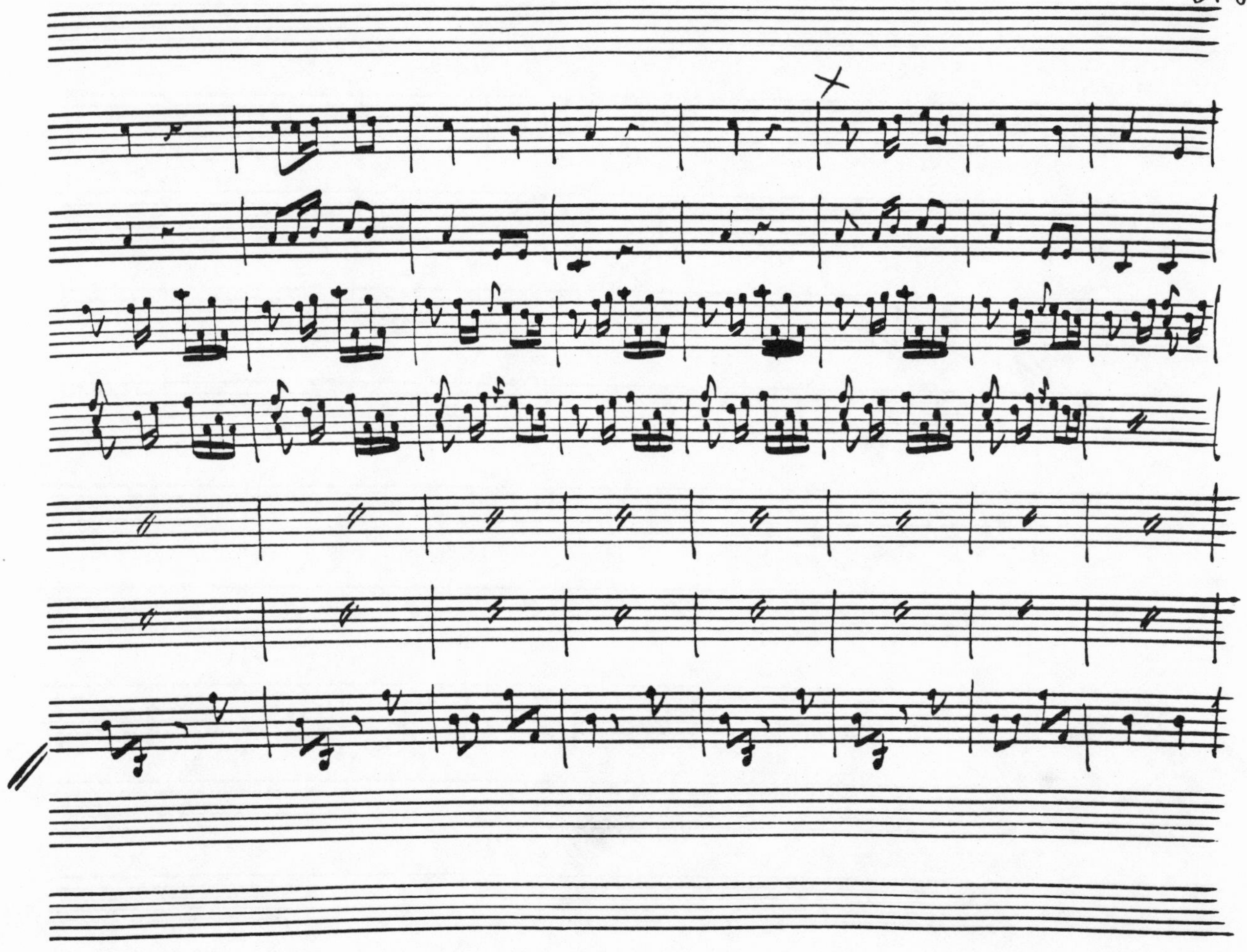

619.

Fine dell' Atto Quarto

620.

311

Atto Quinto
Scena I.

Teseo solo

è dove sono? E dove corro? Ah! Padre Padre troppo infe=

lice! Ahi! di qual morte pieno è la Reggia mia, pieno il mio

core! Cadde Ippolito, oh Dio! degli irritati suoi Corsier fe=

roci vittima sangui=nosa, Oi=mè! mo rendo per A=

ri'cia pregò: disse, oi= mè! disse, che inno= cente cadea

Dei! che spavento! che tenebrosa notte: Ah! Figlio, ah!

cara bella speranza mia, ch'io stesso estinsi! Per qual fatal fa=

vore Nettuno udisti il voto mio! Che veggio? Scena II.

Teseo, e Fedra.

Teseo

Sarai contenta alfin, vieni, e tri= onfa. Compito è il tuo de=

sir. Giace il mio Figlio miseramente uc= ciso. Ah! questa morte ò le=

gitima, o inguista tutta ciò la debbo a te. Lascia, ch'io

fugga questi Luoghi funesti, e da te Lunge porti un crudel so=

Fedra

spetto, che mi divora il sen. Resta, e m'a= scolta.

Nel tuo fatale in= ganno perder non deggio, Oh Dio! questi mo=

menti. Sposo, Padre infe= lice, innorri=dyci, e senti.

La colpevole io sono. Io sono quella, che questi occhi pro=fani alzar osai sul tuo Figlio innocente. Il Ciel ne= mico mi pose in cuore questo ardor funesto. La scelerata E=non conduffe il resto. Ebbe timor, che Ippolito scoprise la de= re=sta=ta

fiamma. Ella il pre= venne: S'accuso per sal= varmi, E già se= stessa pu= ni col suo delitto som= mersa in mezzo all' onde. Un ferro aurebbe già troncato i miei di; ma prima volli sco= prirti i miei rimorsi l'inno= cenza del Figlio, e poi mo= rive. Già nelle vene mie serpe un ve=le=no, che

bevvi disperata, ed Ahi! Lo sento gelido avvici=

narsi al palpi=tante cor. Oh Dio! Qual nube già

vela le mie luci? e già mi toglie lo Sposo, e il

Ciel, che troppo la mia presenza Of=fende. Teseo Ah! dà' miei

squardi l'infe=li=ce si tolga. Oh Dei! po=tes=se con

lei tutta morir d'opra si nera l'esecrabil me= moria! Ah! dove

siete del caro Figlio mio Laceri amati av=

vanzi, ond'io vi possa cinger d'am=plessi, ed onorar di

pianti? vengo sì, vengo a rendervi gli estremi ben meri=tati O=

nori. Ah! dove sei, Aricia a lui sì cara? Resti

gli odi in Oblio, in te sua bella amante. vengo una Figlia ad abbrac

ciar. Deh! resta ormai cosi pla= cata ombra cara del Figlio

ombra Ono: rata. ~parte~

Scena III.

Aricia. sola.

con sordine.

Aricia

Viola col Basso

Violette con Sordine

Sotto voce

Col B:

Corni

Sotto voce

Corni

Dove son' io? Che tardo, e come an=

sente. ah! *So = tessi frà voi qualche mo= mento*

mise ra respi = rar del mio tormento. *# Segue Cavata #*

Au= re placide, che mormo=rate, deh col sonno, deh col

637.

Sotto voce

Gen.

Segue subito la Sinfonia.

638.

Si sente una dolce Sinfonia, che annuncia l'arrivo di Diana; Aricia si risveglia, ed osservando canta interrottamente.

W.

Oboè

Corni

Allegro

320

Recit.

Aricia Recit.

Che lieto melo = dia!   che nuovo in =

torno vago splendor!   Forse la Dea pietosa al mio dolor!

659.

rir — fate mo=rir

660

Volate, o Zeffiri S'ali agi= ta= te

331

334

grate fate spa=rir   fate spa=rir:

Per voi tri=onfino

i fidi a=manti   per voi ri=tro=vi=no   termine i pianti

tregua i Jospir   tregua i So:spir   tregua i rospir

669.

670.

fidi, assai palese m'è la vostra virtù la fede

vostra io per voi tutto oprai. Vostra diffesa sempre sa=

rò, ma se già i vostri Cori Strinse un soave Amor stringa le

destre e vi u=nisca per sempre. Già de' fu=ro=ri

suoi delle sue colpe con disperata morte Fedra pu=

ni se stessa. I primi passi a Teseo rivol=gete. Il mio pro=

digio il mio favor supremo. In voi vis pette=

rà. Sarà con=tento, che un propizio Dio gli renda un

Figlio, che un altro Dio gli tolse. Itene illustri

Copie, e non te=mete, che di sventure armato più

possa sepa= rarvi il Cielo i= rato. Parte

Scena ultima.
Ippolito, ed Aricia

Ippoli:
Vedi mia cara il più crudel destino farsi il

più fortunato. Quasi lo credo appena ecco vi=

Arici:

cino delle a= mare vicende il termine Beato

quanto per te soffersi Amor lo sa. Aricia Quanto per te

678.

penai tel dica amor. Ippoli: Ma se mia divieni tutto per=

dono. Aricia Ma se mio tu sei tutto mi scordo Ippot: Deh'mio

ben con= sola con l'adorata mano un cor costante

Arici:
Prendila, e stringi in lei quest'alma amante. Segue Duetto

679.

Aricia

Ippolito

Viola col Basso

And.te grazioso

680.

Torna la pace la pace all'al=ma

341

343

Torna la pace la pace all'al=ma

Torna il mio Core il mio Core in cal ma

primi af=fetti

Splende su' i miei di=letti

Regna su' i

La=

L'a=

Mio ben, che amare pene

mate tua Bel = tà.   Quan=

- to penai mio bene· quan - to penai mio bene

prendi di fede un pegno   un   pegno   ah! che un ardor si

Dammi di fede un pegno   ah - che un ardor si

degno   Ah! - che un ardor si degno   tutto scordar =

fà

fà tutto scior d'ar mi fà

viola

A = mor

A = mor dall' alme amanti vuole i so= spi= ri, e i

pianti vuole i so= spiri, e i pianti   a =   mor dall'

dol.   for.   dol.

695.

alme amanti ma conso= lar poi sà

ma conso= lar poi sà ma conso=

lar poi sà.

696.

viola

|| Dal segno ||

349

L'innocenza e la virtù.   L'innocenza e la virtù.

O Si replica la
Danzand:
e dietro poi
siegue 1

Violini

Ciacona

Oboè

355

The List of Titles
in the Garland Series

SERIES ONE

1. Francesco Cavalli
   Gli amori d'Apollo e di Dafne (1640)
2. Luigi Rossi
   Il palazzo incantato overo la guerriera amante (1642)
3. Antonio Cesti
   L'Argia (1655)
4. Jacopo Melani
   Ercole in Tebe (1661)
5. Francesco Cavalli
   Scipione Africano (1664)
6. Giovanni Antonio Boretti
   Ercole in Tebe (1671)
7. Francesco Provenzale
   Lo schiavo di sua moglie (1671)
8. Antonio Sartorio
   L'Adelaide (1672)
9. Giovanni Legrenzi
   Totila (1677)
10. Alessandro Stradella
    Moro per amore
11. Bernardo Pasquini
    L'Idalma overo chi la dura la vince (1680)
12. Pietro Andrea Ziani
    Il talamo preservato dalla fedeltà d'Eudossa (1683)
13. Carlo Pallavicino
    L'amazzone corsara, overo l'Alvilda regina de Goti (1686)

14. Agostino Steffani
    Le rivali concordi (1693)
15. Tomaso Giovanni Albinoni
    Zenobia, regina di Palmireni (1694)
16. Carlo Francesco Pollarolo
    Gl'inganni felici (1696)
17. Giovanni Bononcini
    Il trionfo di Camilla, regina de'Volsci (1696)
18. Francesco Mancini
    Gl'amanti generosi (1705)
19. Johann Joseph Fux
    Orfeo ed Euridice (1715)
20. Antonio Lotti
    Alessandro severo (1716)
21. Antonio Maria Bononcini
    Griselda (1718)
22. Domenico Sarri
    Arsace (1718)
23. Alessandro Scarlatti
    Telemaco (1718)
24. Francesco Gasparini
    Il Bajazet (1711)
25. Leonardo Vinci
    Li zite 'ngalera (1722)
26. Attilio Ariosti
    Vespasiano (1724)
27. George Frideric Handel
    Tamerlano (1724)
28. Giuseppe Porsile
    Spartaco (1726)
29. Leonardo Vinci
    Didone abbandonata (1726)
30. Nicolà Antonio Porpora
    Semiramide riconosciuta (1729)
31. Francesco Feo
    Andromaca (1730)
32. Antonio Caldara
    L'Olimpiade (1733)
33. Johann Adolph Hasse

Siroe re di Persia (1733)

34. Giovanni Battista Pergolesi
    L'Olimpiade (1735)

35. Antonio Vivaldi
    La Griselda (1735)

36. Leonardo Leo
    L'Olimpiade (1737)

37. Gaetano Latilla
    La finta cameriera (1738)

38. Rinaldo di Capua
    Vologeso, re de'Parti (1739)

39. Leonardo Leo
    Andromaca (1742)

40. Carl Heinrich Graun
    Artaserse (1743)

41. Baldassare Galuppi
    L'Olimpiade (1747)

42. Nicola Logroscino
    Il governatore (1747)

43. Domenico Terradellas
    Sesostri (1751)

44. Baldassare Galuppi
    La diavolessa (1755)

45. David Perez
    Solimano (1757)

46. Niccolò Jommelli
    L'Olimpiade (1761)

47. Tommaso Traetta
    Ifigenia in Tauride (1763)

48. Niccolò Jommelli
    Demofoonte (1764)

49. Gian Francesco di Maio
    Adriano in Siria (1769)

50. Niccolò Piccinni
    Catone in Utica (1770)

Italian Opera Librettos

51. Volume I
    A. *L'Adelaide* (Sartorio), by Pietro Dolfino

SERIES TWO

Carattaco (1767)
87. Florian Leopold Gassmann
    Amore e Psiche (1767)
88. Andrea Bernasconi
    La clemenza di Tito (1768)
89. Florian Leopold Gassmann
    L'opera seria (1769)
90. Antonio Sacchini
    L'eroe cinese (1770)
91. Niccolò Jommelli
    Armida abbandonata (1770)

Italian Opera Librettos

92. Volume XI
    A. *Alcide al bivio* (Hasse), by Pietro Metastasio
    B. *Alessandro nell'Indie* (Holzbauer), by Metastasio
    C. *Alessandro nell'Indie* (Vinci, Hasse, et al.), by Metastasio
    D. *L'amor contadino* (Lampugnani), by Carlo Goldoni
    E. *Amore e Psiche* (Gassmann), by Marco Coltellini
93. Volume XII
    A. *Ariodante* (Wagenseil), by Antonio Salvi
    B. *Armida abbandonata* (Jommelli), by Francesco Saverio de Rogati
    C. *L'Ascanio* (Bernabei), by Filippo Renato Sbarra
    D. *Carattaco* (Bach), by Giovanni Gualberto Bottarelli
    E. *Catone in Utica* (Leo), by Pietro Metastasio
    F. *Catone* (Leo, Hasse, Porpora, et al.), by Metastasio
94. Volume XIII
    A. *La Cecchina ossia la buona figliuola* (Piccinni), by Carlo Goldoni
    B. *La clemenza di Tito* (Bernasconi), by Pietro Metastasio
    C. *Leonida in Tegea* (Draghi), by Nicolò Minato
    D. *Didone abbandonata* (Sarti), by Metastasio
    E. *Don Chisciotte in Sierra Morena* (Conti), Apostolo Zeno and Pietro Pariati
95. Volume XIV
    A. *La Dori* (Cesti), by Giovanni Filippo Apolloni
    B. *L'Egisto overo chi soffre speri* (Mazzocchi and Marazzoli), by Giulio Rospiglioso
    C. *L'eroe cinese* (Sacchini), by Pietro Metastasio
    D. *Euridice* (Wagenseil et al.)
    E. *Ippolito ed Aricia* (Traetta), by Carlo Innocenzo Frugoni

96. Volume XV

    A. *Il marito giocatore e la moglie bachettona* (Orlandini), by Antonio Salvi

    B. *Li matti per amore* (Cocchi), by Antonio Federico

    C. *Il mercato di Malmantile* (Fischietti), by Carlo Goldoni

    D. *L'opera seria* (Gassmann), by Ranieri de'Calzabigi

    E. *L'Oristeo* (Cavalli), by Giovanni Faustini

97. Volume XVI

    A. *Pompeo Magno in Cilicia* (Freschi), by Aurelio Aureli

    B. *La Rosaura* (Perti), by Antonio Arcoleo

    C. *Semiramide riconosciuta* (Gluck), by Pietro Metastasio

    D. *Lo spirito di contraddizione* (Guglielmi), by Gaetano Martinelli

    E. *Il trionfo di Clelia* (Hasse), by Metastasio